AF394074

FRANCISCO DE GOYA

De los fastos de la corte a la crítica social

Por Marie-Julie Malache
En colaboración con Elisabeth Bruyns
Traducido por Laura Soler Pinson

Arte y literatura 50MINUTOS.es

FRANCISCO DE GOYA

- **¿Nombre?** Francisco de Goya y Lucientes.
- **¿Nacimiento?** Nacido el 30 de marzo de 1746 en Fuendetodos, Zaragoza (España).
- **¿Muerte?** Fallecido el 16 de abril de 1828 en Burdeos (Francia).
- **¿Contexto?** La difusión de las ideas de la Ilustración, los inicios del romanticismo y las guerras napoleónicas en España.
- **¿Obras principales?**
  - *Adoración del nombre de Dios por los ángeles* (1772)
  - *El sueño de la razón produce monstruos*, hoja sacada de la serie *Caprichos* (c. 1797)
  - *El aquelarre* (1797-1798)
  - *La maja desnuda* (1795-1800)
  - *La familia de Carlos IV* (1800-1801)
  - *La maja vestida* (1800-1807)
  - *El 3 de mayo en Madrid* (1814)
  - *Saturno* (1821)

Francisco de Goya es una de las figuras imprescindibles de la historia del arte español, junto a artistas ilustres como Diego Velázquez (1599-1660) y Pablo Ruiz Picasso (1881-1973). Este testigo de importantes cambios políticos y sociales plasma en sus obras cómo se tambalean los valores tradicionales y expresa la búsqueda de nuevos caminos pictóricos a través de su estilo audaz. Cuando recorremos sus pinturas al óleo, sus frescos, sus aguafuertes, sus litografías y sus dibujos, podemos adivinar un creador tan prolífico como fascinante.

También es un personaje lleno de contradicciones, tanto en su vida como en su obra. Este pintor importante de la corte de España plasma como tal la resplandeciente riqueza de la nobleza española con fidelidad. En efecto, su talento como retratista es reconocido desde los inicios de su carrera y la protección real le asegurará más adelante encargos prestigiosos. Sin embargo, en sus trabajos personales —fundamentalmente, grabados—, denuncia las injusticias sociales y las debilidades humanas, influido por los ideales de la Ilustración que entran en España gracias a escritores, a historiadores y a políticos con ansias de modernizar la sociedad española. Así, en uno de los países menos ilustrados de Europa, Goya se convierte en un pensador liberal y, a la vez, en un pintor crítico. Su obra, que intenta ser un análisis minucioso del género humano, se convierte en la expresión del sufrimiento universal.

Actualmente, para los historiadores del arte, no puede clasificarse fácilmente la producción de Goya, ya que estas dos facetas —la de pintor oficial y la de observador crítico— lo llevan a imaginar composiciones originales y vanguardistas. También complica cualquier intento de categorización la extraordinaria variedad de su estilo.

CONTEXTO

UNA ÉPOCA OSCURA PARA ESPAÑA

Las obras de Goya son impetuosas y arrebatadas e, incluso, torturadas tanto en sus temas como en su estilo, y esto se debe sobre todo a que el artista presencia una época muy oscura para España en todas las áreas: política, ideológica, social y económica.

A principios del siglo XIX, la situación política y social de una España muy conservadora se estanca de forma progresiva, lo que conlleva un incremento de la pobreza de la población. El 21 de octubre de 1805, los ingleses arrasan la flota franco-española durante la batalla de Trafalgar. España, que pierde su estatus de potencia naval tras esta terrible derrota, también ve cómo se interrumpe su comunicación con sus colonias americanas, por lo que no tiene acceso a importantes mercados. En 1806, la corona española accede a mostrar su apoyo a Napoleón I (1769-1821) en su conquista de Portugal: las tropas francesas reciben la autorización para pasar por España, que por consiguiente se ve invadida por miles de soldados. Dos años más tarde, el rey Carlos IV (1748-1819) abdica en favor de su hijo Fernando VII (1784-1833) y se refugia en Bayona, en Francia. Entonces, Napoleón I invita a Fernando VII a Bayona y lo convence para que le devuelva la corona a su padre y, tras ello, el joven rey es encarcelado. A continuación, Carlos IV abdica en favor de Napoleón I quien, en junio de 1808, ofrece el trono español a su hermano José Bonaparte (1768-1844). Sin embargo, muchos españoles, enojados, deciden resistir al invasor: estalla la insurrección, que se extiende por gran parte del país. Durante los seis años siguientes, unos violentos conflictos enfrentan los partidarios de la monarquía española a los afrancesados, que muestran su apoyo a los franceses con la esperanza de que estos instauren un régimen más ilustrado. España se convierte en un auténtico campo de batalla donde reinan la violencia y el terror. Goya presenta un testimonio de las atrocidades del conflicto en los *Desastres de la guerra*, una serie de grabados que muestran la crueldad del género humano.

En 1812, los ingleses entran en España y expulsan a José Bonaparte y al Ejército francés. El Parlamento español (las Cortes liberales) intenta entonces establecer una monarquía constitucional. Pero Fernando VII vuelve al poder, aclamado por la población, e instaura un régimen autocrático. Restablece la Inquisición, disuelve las Cortes y manda encarcelar a los que habían apoyado el Gobierno francés.

LOS IDEALES DE LA ILUSTRACIÓN

El siglo XVIII, llamado «siglo de las Luces», se ve marcado por grandes progresos ideológicos, políticos, científicos, económicos y sociales que plantan la semilla de la Revolución francesa de 1789. La filosofía de la Ilustración, transmitida por filósofos, sabios, hombres de letras y artistas, se extiende por toda Europa (salvo en España) y afirma la primacía de la razón para acceder al conocimiento y, por ende, a la felicidad. Al desarrollar su espíritu crítico, los intelectuales de la época toman sus distancias con las tradiciones y las autoridades políticas y religiosas. Denuncian la monarquía absoluta y los abusos de la institución eclesiástica, y recomiendan la separación de Iglesia y Estado. Nace una literatura comprometida con escritores como Montesquieu (1684-1755), Voltaire (1694-1778) y Denis Diderot (1713-1784) en Francia. En el arte, la filosofía ilustrada se traduce por una búsqueda de claridad, de sobriedad y de racionalidad. Los artistas se fijan en la Antigüedad como modelo de objetividad y de simplicidad, tanto en los temas como en el estilo: se trata del neoclasicismo.

ENTRE CLASICISMO Y ROMANTICISMO

Goya se sitúa en la transición entre varias corrientes artísticas. Aunque a principios del siglo XVIII el arte todavía está impregnado de tendencias barrocas —de hecho, los frescos de sus inicios se ven influidos por esta estética—, a partir de la segunda mitad del siglo, bajo la influencia de la filosofía ilustrada, el neoclasicismo se difunde ampliamente a través de la enseñanza académica, que predica un arte depurado y dominado. No obstante, a finales del siglo XVIII, como reacción al racionalismo de la Ilustración, algunos artistas quieren dar rienda suelta a su espontaneidad creadora y ponen de relieve su subjetividad, su imaginación y sus sentimientos. Este movimiento, que se desarrolla en Alemania con pintores como Caspar David Friedrich (1774-1840), se hace llamar «romanticismo» y toca todas las artes. Entre los temas favoritos de los románticos alemanes, encontramos la melancolía, la soledad, la naturaleza todopoderosa o la nostalgia del pasado, sobre todo de la Edad Media —una Edad Media soñada e, incluso, idealizada—.

A principios del siglo XIX, el romanticismo conquista el resto de Europa. En Francia, los jefes de fila de este movimiento son Théodore Géricault (1791-1824) y Eugène Delacroix (1798-1863). Sus obras escandalizan al Salón (la exposición oficial) por su uso del color y del movimiento en sus composiciones, totalmente opuesto a la estética neoclásica. En efecto, el trazado riguroso del dibujo que predominaba en los neoclásicos es sustituido en el romanticismo pictórico por una dominación del color y de sus vibraciones.

En Inglaterra, los principales representantes del romanticismo son William Turner (1775-1851) y John Constable (1776-1837), que pintan fundamentalmente paisajes. En líneas generales, los artistas románticos influyen en gran medida toda la pintura moderna a través de las composiciones torturadas donde el trazo es arrebatado.

EL GRABADO Y LA LITOGRAFÍA

Goya es uno de los pioneros de la litografía, una nueva técnica de impresión que pone a punto entre 1796 y 1799 un inventor austriaco, Aloys Senefelder (1771-1834). Se trata de un procedimiento de reproducción en serie que se basa en el principio de la repulsión entre el agua y el aceite. Al principio, este invento interesa sobre todo a los que imprimen partituras de música y mapas. Tal y como su nombre indica, se utiliza una piedra (*lito*) en la que se dibuja con un cuerpo graso (*grafía*). Al contrario que el grabado en plancha de cobre, la litografía no exige una formación de grabador: basta con dominar el principio de dibujo «en espejo» (dado que la impresión se hace al aplicar la piedra sobre el papel). Además, la litografía permite tiradas de un gran número de ejemplares, y de ahí viene su éxito fulgurante.

LA TÉCNICA DE LA IMPRESIÓN

La técnica de la impresión es recurrente en toda la historia del arte, desde la huella de las manos recubiertas de pigmentos en los muros de las cavernas prehistóricas hasta las serigrafías de Andy Warhol (1928-1987), pasando por los sellos utilizados en Mesopotamia. Para esta técnica, se necesitan dos superficies —una que lleva la imagen y otra en la que se va a imprimir— y existen dos tipos de impresión: el grabado en relieve y el grabado en hueco. Para el grabado en relieve (en arcilla, madera, linóleo), la superficie que imprime está en relieve, mientras que el resto del soporte, tallado con un cincel o con una gubia (cincel hueco como una caña), no aparecerá en la impresión. De forma progresiva, el grabado en hueco sustituye el grabado en relieve: se elaboran incisiones en una plancha de metal (cobre, zinc o acero) con una punta seca o con un punzón. Se entinta la plancha entera y, a continuación, se limpia para que la tinta solo se quede en las líneas grabadas. Durante la impresión, se aplica una fuerte presión para que el papel entre en contacto con los surcos entintados. Más tarde, los artistas explotarán los procedimientos químicos, marcando con ácido la línea del dibujo en la plancha de metal. Para el aguafuerte, por ejemplo, la plancha de metal se recubre previamente con un barniz resistente al ácido. El dibujo se hace mediante una punta que quita el barniz sin rayar la placa. Para acabar, esta se sumerge en un baño de ácido que ataca el metal expuesto. A menudo, esta técnica se combina con la de la aguatinta, que permite que se obtengan zonas con medios tonos. Entonces, hay que extender una resina sobre la plancha y fijarla aplicando calor. Cuando la plancha se sumerge en el ácido, solo se ven atacadas las zonas de metal desnudo alrededor de cada partícula de resina.

BIOGRAFÍA

SIGUIENDO LOS PASOS DE LOS MAESTROS ITALIANOS

Francisco de Goya, hijo de José Goya y de Gracia Lucientes, nace en 1746 en Fuendetodos, en la región de Zaragoza, en el seno de una familia de condición modesta. Desde la adolescencia, el joven se dedica a la pintura en el taller de José Luzán y Martínez (1710-1785). Este pintor religioso local le manda copiar sobre todo grabados de grandes maestros. Acude a estas lecciones junto a tres hermanos talentosos: Francisco (1734-1795), Manuel (1740-1809) y Ramón Bayeu (1746-1793).

En esta época, en el ámbito cultural, Zaragoza y la región aragonesa dependen de Madrid, donde la Academia de Bellas Artes, creada en 1752, impone las reglas de la creación artística y define el buen gusto, al igual que su equivalente en Francia. En 1763 y en 1766, Goya se presenta al examen de ingreso de la Academia, pero no lo pasa: su ímpetu desagrada al jurado, partidario de las composiciones sensatas y sobrias.

Con 20 años, realiza un viaje a Italia para inspirarse de los grandes maestros, al igual que lo jóvenes artistas de su época. Durante cinco años, vive en Nápoles, en Roma y en Parma, donde descubre el neoclasicismo romano. En la primavera de 1771, se presenta al examen de la Academia de Parma y obtiene seis votos, pero ningún premio. A continuación, Goya vuelve a Zaragoza, donde recibe sus primeros encargos importantes. De 1772 a 1774, en la basílica del Pilar (Zaragoza) y, más adelante, en la cartuja de Aula Dei (a unos kilómetros de la ciudad), crea sus primeras obras maestras, frescos sobre temas religiosos cuyo estilo se inspira claramente de su aprendizaje italiano.

PINTAR PARA LA NOBLEZA

En 1773, Goya, con 27 años, se casa con Josefa Bayeu, la hermana de sus condiscípulos pintores. En este matrimonio, se observa un cierto reconocimiento del talento del joven, ya que es el mayor de estos hermanos huérfanos, Francisco Bayeu, quien le entrega la mano de su hermana. Esta le da varios hijos, aunque la mayoría muere muy joven. Solo sobrevivirá su hijo Francisco Javier, nacido en 1784.

Su matrimonio con Josefa tiene un efecto positivo en la carrera de Goya. De hecho, sus cuñados le consiguen encargos para la manufactura real de Santa Bárbara, lo que le permite tener un trabajo estable: produce cartones para tapices en los que representa las fiestas y los pasatiempos de la juventud madrileña, en una alegría de vivir embriagante y una felicidad despreocupada. En sus numerosas obras, como *La gallina ciega*, de 1791, da a los rostros una gran vivacidad y utiliza colores puros. Rápidamente, el prestigio de sus cartones le abre a Goya las puertas del mundo de la nobleza española.

<u>LOS TAPICES</u>

Un tapiz es una pieza textil plana y de grandes dimensiones diseñada para ser colgada en el interior o en el exterior. Por lo general, representa acontecimientos (religiosos, políticos, históricos) pasados o presentes, pero también puede estar compuesto por motivos puramente decorativos. Cubre una pared, por lo que sirve como aislamiento térmico y sonoro a la vez. A menudo se producen los tapices en serie (llamados cortinas): en este caso, cada uno de ellos presenta un episodio de todo el relato. A partir de la Edad Media, la técnica se divide en tres etapas: el artista elabora un dibujo preparatorio en formato pequeño, a continuación, se realiza el modelo en las dimensiones del tapiz final (lo que se llama «el cartón») y, para acabar, un tejedor teje el tapiz en un telar. Habitualmente, los tapices están destinados a clientes adinerados, de la nobleza al alto clero, pasando a veces por la burguesía acomodada.

Para perfeccionar su formación, a finales de los años 1770, Goya empieza a grabar los cuadros de Velázquez. Así, contribuye a la difusión de las obras de este gran pintor español, mientras aprende a plasmar la magia de una atmósfera como solo él sabía hacerlo. Descubre la manera de sugerir la ilusión de un rostro, de un tejido brillante o de una joya con una mancha y algunas pastosidades. Las láminas de Goya se publican en la *Gaceta de Madrid* en julio y en diciembre de

1778.

Dos años más tarde, en 1780, el artista vuelve a presentarse al examen de ingreso de la Academia de San Fernando con una obra en la que trata un tema con el que no corre el riesgo de generar polémica: *Cristo crucificado*. En el plano estilístico, opta por el claroscuro popularizado por Caravaggio (c. 1571-1610). Aunque esta obra es muy clásica y carece de originalidad, le permite ser elegido por unanimidad. A continuación, sube rápidamente los escalones de la Academia y es nombrado subdirector de la sección de pintura en 1785.

Su fama como retratista de la nobleza también crece muy rápido. Al año siguiente, es ascendido a pintor del rey y, como tal, pinta *Carlos III, cazador*. Este rey era famoso por su fealdad y el artista no busca en ningún momento idealizar sus rasgos. Por otra parte, Goya, que desea que su nombre concuerde con su nueva función, añade la partícula «de» a su apellido. En 1788, se convierte en pintor de cámara de Carlos IV y, en 1799, en el primer pintor de esta. Así, este periodo de su vida se ve marcado por una mayoría de retratos de corte, pero también de sus amigos de la alta sociedad.

EXPLORAR EL LADO OSCURO DEL HOMBRE

No obstante, a principios de los años 1790, Goya pierde el sentido del oído tras una enfermedad grave. La percepción que tiene del entorno se ve trastocada y eso lo lleva a tener una mirada más crítica del mundo. Entonces, empieza a mostrar interés por el lado oscuro de la naturaleza humana y explora el mundo de lo sobrenatural, habitado por personajes de fantasía y por criaturas espantosas. Además, se reúne con pensadores a favor de las ideas de la Ilustración que lo influyen y exacerban su punto de vista crítico. En ese momento, lleva a cabo una serie de 80 aguafuertes a las que titula *Caprichos*. Estas láminas, publicadas en 1799, representan dramas de costumbres y escenas de aquelarre y, a la vez, contienen sutiles alusiones políticas. Los *Caprichos* marcan una nueva dirección en la carrera de Goya.

La guerra de Independencia, entre 1808 y 1814, le ofrece un terreno abonado donde continuar su reflexión sobre la humanidad. Horrorizado por el comportamiento de los beligerantes, dibuja esbozos al natural que más tarde inmortaliza en una serie de grabados titulada *Desastres de la guerra*. En esta época, también continúa su obra de crítica social, sobre todo en *Una casa de locos* (1808-1812), un lienzo en el que denuncia las condiciones de vida de los enajenados.

Sin embargo, Goya no se mete mucho en política; está más preocupado por su carrera. Por ello, acepta el puesto oficial de pintor del rey francés. Entonces, efectúa los retratos de oficiales franceses como el general Nicolas Guye (1773-1845), comendador de la Orden de las Dos Sicilias y de la Orden Real de España. Pero este paréntesis francés pasa factura a Goya, que al final de la guerra debe comparecer ante el tribunal de la Inquisición, donde es acusado de colaboración. Por suerte, afirma que ha pintado a José Bonaparte según un grabado y no en persona, por lo que en seguida es absuelto. Incluso recupera su puesto con Fernando VII, que está contento por mantener a su servicio a un artista tan famoso.

Pero, poco a poco, Goya va tomando sus distancias con la corte. Se encierra sobre sí mismo y muestra entusiasmo por la demencia y la superstición. En su casa, la Quinta del sordo, pinta imágenes potentes y oscuras repletas de personajes siniestros. Pinta directamente sobre el yeso de las paredes con pintura al óleo. En 1873, estas obras se transfieren a lienzos; actualmente, se encuentran en el Museo del Prado. Por otra parte, la inestabilidad política en España decepciona profundamente a Goya, por lo que acaba yendo a París usando como pretexto una mala salud. A continuación, se instala en Burdeos en 1824, donde se rodea de otros intelectuales españoles exiliados. La publicación de las litografías *Toros de Burdeos*, en 1825, nos ofrece un testimonio de su asiduidad a estas corridas, a pesar de su edad avanzada. Muere en 1828, a los 82 años, y deja alrededor de 1000 pinturas al óleo y frescos, casi 300 aguafuertes y litografías y miles de dibujos.

CARACTERÍSTICAS

ENTRE TRADICIÓN Y MODERNIDAD

«Yo no he tenido otros maestros que la Naturaleza, Velázquez y Rembrandt» (Matilla 2014). Esta cita, atribuida a Goya, resume a la perfección la conjunción en su obra de las influencias tradicionales y de los inventos artísticos originales.

Cuando estudia las obras de Velázquez, aprende a plasmar las variaciones del color en la luz para obtener un relieve marcado, sin fuertes contrastes entre la sombra y la claridad. Al igual que él, juega con la transparencia de los tonos y con la sobriedad de la paleta (ocres, blanco, negro, muy poco rojo y azul, en pinceladas acertadas). Pero su sentido de la luz también se lo debe a Rembrandt (1606-1669). Además, al igual que este pintor del norte, utiliza la pintura según las técnicas tradicionales: prepara con cuidado su lienzo, elige y mezcla sus colores, coloca pastosidades y veladuras (pintura muy líquida, translúcida, que se aplica como una capa delgada y uniforme para modificar los fondos en los que se coloca). Así, sus lienzos se conservan muy bien y sus colores se modifican poco con el tiempo.

No obstante, más allá de estas fuentes de inspiración, Goya aporta un toque innovador a sus obras. Aunque ha seguido una formación académica, toma sus distancias con el arte clásico añadiendo espontaneidad a sus creaciones. Gracias a una factura pictórica impetuosa y arrebatada (en oposición a la sobriedad que predica la pintura académica), logra elevar la representación de la vida cotidiana al nivel de los temas históricos, mientras conserva su lado natural y su felicidad. Sus personajes, lejos de estar fijados, tienen una realidad de carne y hueso. En 1792, Goya reivindica esta búsqueda de originalidad al declarar: «No hay reglas en la Pintura» (Carrete Parrondo 2007, 10). De esta manera, sugiere que los estudiantes deben escoger sus fuentes de inspiración por sí solos y desarrollar con libertad su técnica artística.

UN RETRATISTA SIN IGUAL

Aunque Goya toca muchos temas —arte religioso, escenas de género, ilustraciones de la barbarie de la guerra, imaginación fantástica...—, donde fundamentalmente alcanza la fama es en el arte del retrato. Goya, que tiene una aptitud especial para captar la personalidad de sus modelos en vez de limitarse a una copia certificada, muestra interés por la psicología de sus personajes y busca transcribir en sus lienzos la verdad de los rostros que pinta.

El equilibrio de sus retratos y de sus autorretratos refleja composiciones pensadas y un muy buen conocimiento de la anatomía. Además, su gran sentido de la observación le permite trabajar el acabado de los bordados y de los encajes con precisión y delicadeza. También se afana por representar los distintos tipos sociales con realismo y autenticidad, tanto en las actitudes como en los trajes. A pesar de sus encargos oficiales y de la obligación a conformarse con los deseos de sus protectores, Goya tiene suficiente confianza como para plasmar sus temas de una forma audaz y creativa.

LA PARTE DE FANTASÍA

En sus trabajos personales, Goya produce grabados repletos de criaturas que nacen directamente de su imaginación: murciélagos, lechuzas y felinos aparecen junto a duendes, demonios, fantasmas, chivos o brujas. El blanco y el negro de las impresiones crean fuertes contrastes que refuerzan la tensión dramática de las escenas representadas. Por lo general, estas son sátiras y caricaturas en las que las emociones excesivas, como el miedo o el horror, ocupan una plaza importante.

No obstante, las criaturas aterradoras de Goya deben considerarse ante todo como alegorías del comportamiento humano. Sirven para formular una crítica o para hacer una alusión ideológica. Así, el artista se indigna especialmente con la opresión de los pobres que trabajan para aristócratas ociosos e improductivos. Logra equilibrar el tono moralizador y el lado cómico de una forma muy sutil.

Sin embargo, resulta complicado llevar la interpretación de los grabados de Goya más allá, ya que este último emplea proverbios, figuras de retórica y dichos. Por ello, todavía a día de hoy se nos escapa el sentido de algunos grabados, lo que contribuye al misterio de estas obras oscuras.

OBRAS SELECCIONADAS

ADORACIÓN DEL NOMBRE DE DIOS POR LOS ÁNGELES

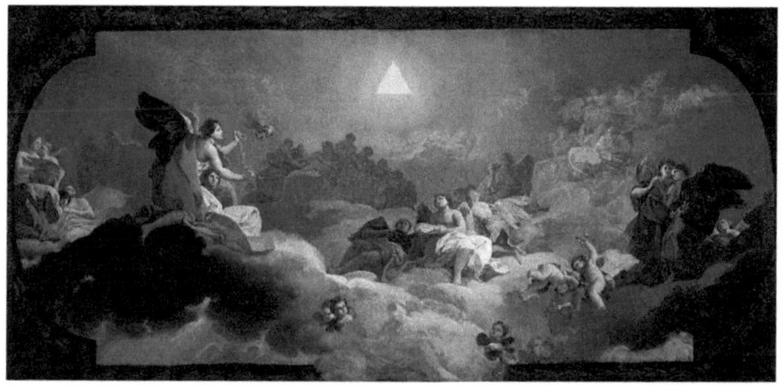

| *Adoración del nombre de Dios por los ángeles*, 1772, fresco, 700 x 1500 cm, Zaragoza, basílica del Pilar.

Poco después de su regreso de Italia, Goya recibe un prestigioso encargo del capítulo de la basílica del Pilar en Zaragoza. En el marco de la remodelación del edificio a un estilo neoclásico, se le encarga la decoración del pequeño coro de la capilla de la Virgen. Para demostrar su dominio técnico, Goya presenta un ensayo de fresco y un esbozo al óleo. El capítulo los acepta en seguida y el artista recibe la autorización para empezar su obra. Gracias a ella, sienta las bases de su carrera.

Este fresco glorifica la Iglesia triunfante. En el centro, está inscrito el nombre de Dios en hebreo en un triángulo que representa la Trinidad. La luz viva y dorada que ilumina la escena proviene del segundo plano. Así, crea sombras en la parte delantera de las nubes, por el lado del espectador y se refleja en los vestidos de seda. En cuanto a la composición, es extremadamente rigurosa: la multitud de ángeles que flota sobre las nubes sigue las líneas de los semicírculos concéntricos. La perspectiva sigue esta composición y conduce el ojo del espectador hacia el triángulo del nombre de Dios. Además, cada detalle incide en este sentido, como el gesto del ángel a la derecha del fresco que manipula un incensario. La ligereza y la inocencia de los *putti* en primer plano también dan la impresión al espectador de entrar en el espacio de la obra.

En esta obra de juventud, Goya presenta un estilo que se acerca al final del barroco por los colores diáfanos y los reflejos de la luz. Pero a pesar de las pinceladas rápidas, el conjunto está un poco fijado, al contrario que en las producciones barrocas. Sin embargo, cabe señalar que el fresco que se puede admirar en la actualidad en la basílica del Pilar ha sido sometido a cuatro restauraciones. Comparado a los dibujos y a los bocetos originales del artista, el resultado final demuestra menos audacia y dinamismo que el proyecto inicial.

LA FAMILIA DE CARLOS IV

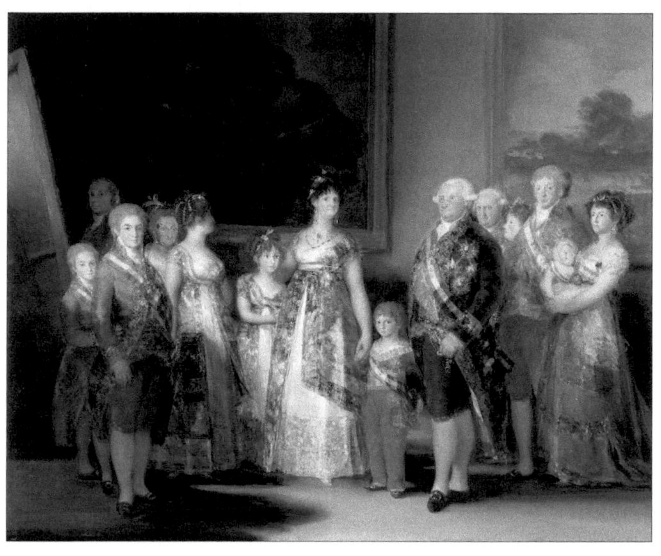

| *La familia de Carlos IV*, 1800-1801, óleo sobre lienzo, 280 x 336 cm, Madrid, Museo del Prado.

Como pintor de la corte española, Goya es el encargado de representar a los miembros de la familia real en un retrato de grupo monumental, a tamaño natural. La composición es tradicional y está pensada: los personajes están colocados por jerarquía. En el centro, se encuentran el rey Carlos IV y la reina María Luisa (1751-1819) con sus dos hijos más jóvenes. Esta posa con los brazos descubiertos, como todas las señoras del cuadro. En efecto, la reina es conocida sobre todo por haber prohibido que se lleven guantes en la corte y porque le gustan demasiado sus brazos como para esconderlos. A la izquierda del cuadro, de azul, está el heredero al trono, Fernando VII, que adopta una pose «en espejo» con respecto a su padre. Su hermano, el infante don Carlos María Isidro (1788-1855), está junto a él. Al otro lado, la joven que gira la cabeza y de la que no se ve su rostro es la futura esposa de Fernando VII, representada de esta manera porque cuando se pinta este retrato, el noviazgo todavía no es oficial. Entre esta joven pareja, aparece doña María Josefa (1744-1801), la hermana del rey. A la derecha del cuadro, aparecen parientes cercanos: el hermano del rey, el infante Antonio Pascual (1755-1817), su hija mayor, la infanta doña

Carlota Joaquina (1775-1830) y otra hija, la infanta María Luisa Josefina (1782-1824), con un niño en brazos, cerca de su marido, don Luis de Borbón (1773-1803). En segundo plano, a la izquierda, el artista se pinta a sí mismo trabajando en un cuadro —una construcción en abismo que toma de Velázquez, que hace lo mismo en *Las meninas* (1656), por ejemplo—. El pintor está concentrado, tiene la mirada puesta en el espectador, como si observase al grupo en un espejo.

La escena está iluminada con una luz artificial que surge de fuera de nuestro campo de visión, a la izquierda del conjunto. Crea contrastes entre las partes iluminadas y las que se sitúan en la sombra. Los oros y los negros de la paleta responden a estos contrastes.

Aunque se respetan las reglas tradicionales de composición y de utilización de la luz, la factura pictórica y el tratamiento de los rostros no tienen nada de clásico. La búsqueda de verdad en los rasgos es desconcertante: si bien las joyas y los trajes son suntuosos, lo cierto es que el aspecto de los personajes no podría estar más apagado, desplegando toda su ostentación que, incluso, se convierte en arrogancia. De hecho, en el siglo

XIX, Théophile Gautier (1811-1872) compara los personajes del cuadro con el «panadero de la esquina y su mujer, orgullosos de haber sacado el gordo de la lotería» (Stoichita y Coderch 2000). El realismo de la obra sorprende aún más cuando se sabe que la familia real no emite ninguna objeción.

LA MAJA DESNUDA

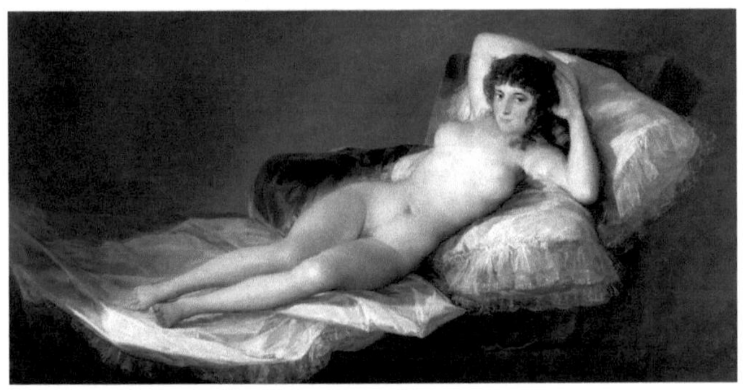

| *La maja desnuda*, 1795-1800, óleo sobre lienzo, 98 x 191 cm, Madrid, Museo del Prado.

Una joven española, tendida sobre una banqueta recubierta con cojines de seda, está completamente desnuda y tiene sus manos y sus codos levantados a la altura de su moño. Mira al espectador con sensualidad, invitándolo a contemplar las formas voluptuosas de su cuerpo. No hace falta más para que *La maja desnuda* cause un escándalo y provoque que la Inquisición tilde este lienzo y a su artista de obscenos e inmorales. De hecho, a causa de la desaprobación de la Iglesia, el desnudo se vuelve poco común en el arte español. Para eludir esta prohibición, los pintores presentan por lo general escenas mitológicas donde la desnudez es inherente a las diosas, pero en la obra de Goya, la joven no tiene nada de divino: es una maja, es decir, una joven española de condición modesta, muy real.

Se trata de un encargo que proviene del príncipe de la paz, Manuel Godoy y Faria (1767-1852), un protegido de la reina María Luisa. Los historiadores exponen dos hipótesis en cuanto a la identidad de la modelo: podría tratarse de la duquesa de Alba, bastante íntima de Goya, pero la tesis más aceptada es que la joven maja sería la amante de Godoy, la actriz Pepita Tudó. Al principio, el cuadro se expone en el gabinete de pinturas de Godoy junto a su réplica, *La maja vestida* (1800-1807). No se sabe cuál de estas dos obras se pintó primero. Sin embargo, la pose y el paisaje, idénticos, certifican que estas dos obras están dialogando. Por otra parte, la joven vestida es tan seductora como la desnuda, con esas formas que se adivinan bajo los ropajes y su pose provocadora. Podríamos llegar a suponer que *La maja vestida* se exponía en superposición con *La maja desnuda*, y que un mecanismo permitía que se deslizara el cuadro de debajo para descubrir el retrato desnudo, ya que este tipo de distracciones lúdicas causaba un gran efecto en los gabinetes de pintura de la época.

La maja desnuda se conserva en el Prado desde 1910. Antes de esto, se exponía junto a otros desnudos osados en la Academia de San Fernando. En 1930, su desnudez vuelve a provocar un escándalo, cuando Correos decide publicar un sello con su efigie.

EL SUEÑO DE LA RAZÓN PRODUCE MONSTRUOS

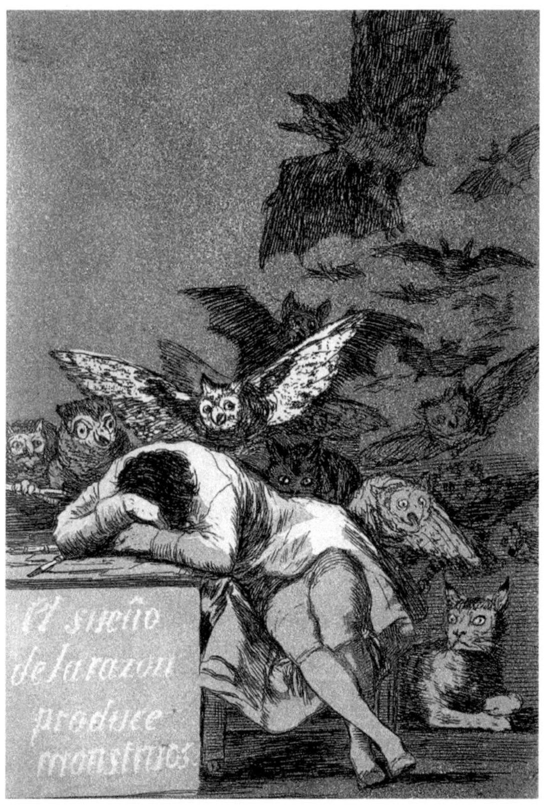

| *El sueño de la razón produce monstruos*, hoja sacada de la serie *Caprichos*, c. 1797, aguafuerte y aguatinta, 21,6 x 15,2 cm, colección privada.

A finales del siglo XVIII, Goya da rienda suelta a su gusto por lo fantástico en una colección de dibujos hechos con pluma titulada *Sueños*. Más adelante, los retoma para perfeccionarlos y grabarlos: lo convierte en una serie de 80 aguafuertes titulada *Caprichos*, que se pone a la venta en febrero de 1799. A mitad de serie, tras imágenes satíricas de la sociedad y como introducción al tema de la brujería, encontramos esta hoja: *El sueño de la razón produce monstruos*.

Aquí aparece un artista que se ha dormido apoyado en un mueble recubierto de hojas de papel y lápices. El sueño ha dado lugar a su trabajo de creador y se desarrolla la imaginación de su subconsciente. Así, alrededor del personaje Goya muestra la pesadilla que se está representando en su mente: unas criaturas salen de la oscuridad y giran en torno a él mientras que un lince recostado observa lo que ocurre. En el centro, un gato negro mira fijamente con unos grandes ojos hostiles. El uso del grabado es acertado, ya que el blanco y el negro crean fuertes contrastes que acentúan la atmósfera tenebrosa de la escena.

Puede interpretarse este dibujo de dos maneras distintas: por una parte, quizás el artista solo haya querido expresar con qué fuerza se libera la imaginación cuando la razón está sumida en el sueño; por otra parte, la pesadilla nos deja suponer que el personaje está desesperado, incapaz de proseguir su trabajo. La ubicación de la hoja en la serie corrobora esta segunda hipótesis: el artista, que no puede encontrar la verdad a través de la razón, se desliza hacia lo fantástico y lo irreal, como una escapatoria.

EL 3 DE MAYO EN MADRID

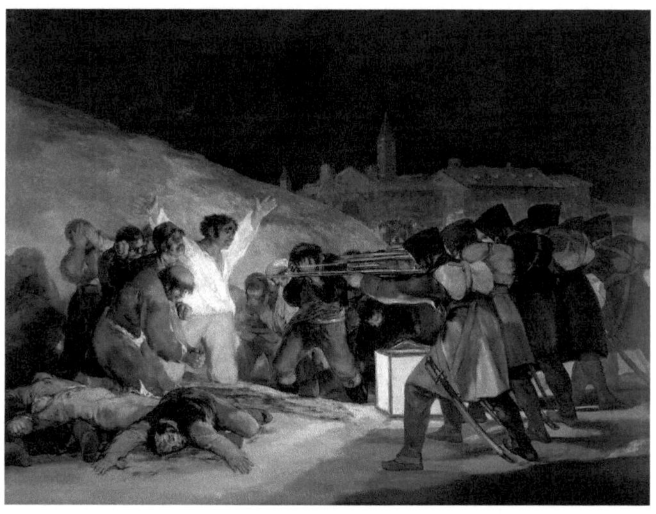

| *El 3 de mayo de en Madrid*, 1814, óleo sobre lienzo, 268 x 347 cm, Madrid, Museo del Prado.

Esta obra famosa de Goya representa un punto negro de la historia de España. El 3 de mayo de 1808, en la montaña del Príncipe Pío, el ejército francés ejecuta a patriotas españoles como represalia por su sublevación contra la ocupación el día anterior. Unos cuarenta hombres y mujeres son fusilados. Este cuadro marca en gran medida la pintura del siglo XIX porque todavía respeta las normas de la pintura oficial, a la vez que propone un tema innovador. Goya presenta aquí la tensión y la angustia del instante previo a la ejecución de un hombre ordinario.

En un ambiente nocturno, el personaje central llama en seguida la atención: está vestido con una camisa blanca y abre los brazos. Su rostro y sus gestos sugieren que afronta la muerte con una mezcla de valentía y desesperación. La luz que proviene del farol colocado en el suelo, delante del pelotón de ejecución, pone de relieve el drama y la tensión de la escena. El heroísmo de este hombre se ve destacado por la blancura de su ropa —que hace referencia a la idea de inocencia—, pero también por su herida en la mano derecha —que recuerda a los estigmas de Cristo—. Cada uno de los hombres que lo rodean tiene una reacción: un cura franciscano baja la cabeza, un hombre se tapa la cara con las manos y otro aprieta los puños con un gesto de resistencia vana. En primer plano, los cadáveres están acribillados por las balas. Los brazos del hombre que yace en el suelo, que flotan en un charco de sangre, responden a los del mártir que está de pie, detrás de él.

Esta escena constituye un momento detenido, pero lo que viene después ya se sabe: cuando caiga este grupo, será sustituido por otro que está subiendo por la colina, con paso lento. Frente a las víctimas, los soldados son anónimos: forman una barrera y sus posiciones son idénticas. Están a punto de disparar. Para acabar, a pesar del aspecto fijo de la escena, este cuadro es ruidoso: nos parece escuchar los ruidos de forma extremadamente viva, lo que todavía refuerza la tensión general del conjunto.

FRANCISCO DE GOYA, UNA FUENTE DE INSPIRACIÓN

El talento de Goya solo se reconoce en su justa medida en retrospectiva. Cuando muere en 1828, la prensa ni siquiera lo menciona. Hará falta casi un cuarto de siglo para que los pintores franceses le concedan el lugar excepcional que ocupa actualmente en la historia del arte. Goya, artista lleno de contradicciones y audaz —tanto en su estilo como en sus temas—, es considerado finalmente como el precursor de las vanguardias pictóricas de los siglos XIX y XX.

Su influencia es importante en la obra romántica de Eugène Delacroix. Desde su infancia, este último descubre y aprecia las estampas del maestro español. Además, los dos artistas tienen contactos en común, como recalca la reciente exposición «De Goya à Delacroix. Les relations artistiques de la famille Guillemardet» («De Goya a Delacroix. Las relaciones artísticas de la familia Guillemardet») del Museo Rolin, en Autun (Borgoña, Francia). Goya pinta el retrato del padre, Ferdinand Guillemardet (1765-1809), que es embajador de Francia en España, mientras que Delacroix lleva a cabo el de su hijo, Félix Guillemardet (1796-1842).

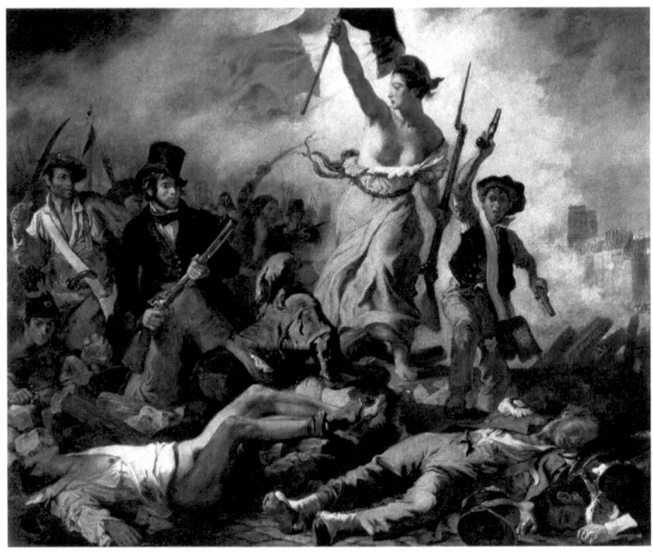

| Delacroix, Eugène, *La Libertad guiando al pueblo*, 1830, óleo sobre lienzo, 260 x 325 cm, París, Museo del Louvre.

Igualmente, en *La Libertad guiando al pueblo* (1830) del pintor romántico, la exaltación de la figura del héroe ordinario en una escena histórica nos recuerda a la del hombre vestido de blanco en el centro del pelotón de fusilamiento en *El 3 de mayo en Madrid* de Goya. Pero más allá de las semejanzas temáticas, Delacroix sobre todo toma de Goya su dinamismo y su trazo lleno de energía. Sin embargo, el francés va todavía más allá y presenta composiciones atormentadas basadas en una utilización agresiva del color.

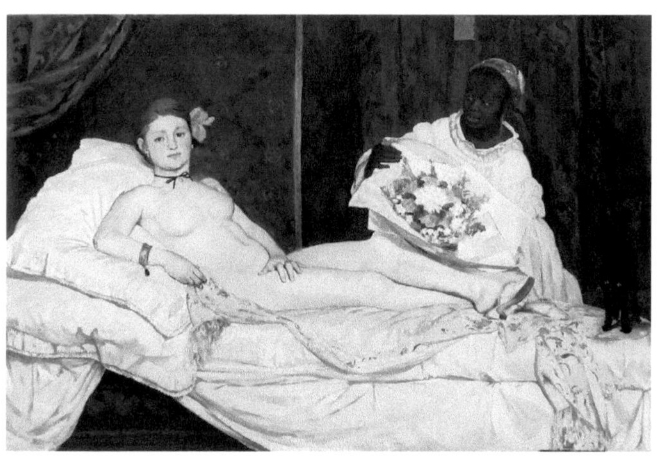

| Manet, Édouard, *Olympia*, 1863, óleo sobre lienzo, 130,5 x 191 cm, París, Museo de Orsay.

En la segunda mitad del siglo XIX, Édouard Manet (1832-1883) genera un escándalo con su lienzo *Olympia* (1863), que hace referencia a *La maja desnuda* desde un punto de vista tanto formal como iconográfico. Al igual que la maja, el desnudo femenino está tendido sobre unas sábanas de seda y mira al espectador con su mirada provocadora. Pero Manet otorga a su modelo más frialdad que Goya: la maja era una amante que encarnaba el amor pasional, mientras que Olympia es una prostituta que simboliza el amor venal y que denuncia las derivas sociales.

La otra cara de la obra de Goya, más oscura y misteriosa, también ha influido a los artistas modernos y contemporáneos. En 1857, en el periódico *Le Présent*, Charles Baudelaire (1821-1867) contribuye a la fama del pintor español al insistir en su gusto por lo fantástico y lo horrible. Impresionado por sus grabados con contraste en blanco y negro, el poeta también cae fascinado por las brujas y los ambientes de aquelarre que imagina el pintor español. El tema de lo oculto, presente en toda la pintura moderna, alcanza su apogeo en el siglo XX en las obras de los surrealistas. Tras Goya, Salvador Dalí (1904-1989) representa pesadillas fantásticas, a veces aterrorizadoras y a veces fascinantes.

EN RESUMEN

- Goya, nacido en 1746, es una figura imprescindible de la historia del arte español, junto a Velázquez y Picasso. Su obra es muy amplia desde cualquier punto de vista: multiplica los medios (pinturas al óleo, frescos, dibujos, aguafuertes, litografías), pero también los temas, los motivos y los estilos.

- Como pintor importante de la corte de España, recibe muchos encargos oficiales, en los que pinta fundamentalmente retratos de la nobleza. Tiene una aptitud particular para captar la personalidad de sus modelos, en vez de limitarse a realizar una copia fiel. Así, sus obras están marcadas por una gran preocupación por la verdad.

- Pero Goya es un artista lleno de contradicciones. En efecto, en sus obras personales, denuncia las debilidades humanas y las injusticias sociales, y se erige como testigo de los problemas políticos e ideológicos de su época. Entonces, sus obras se convierten en sátiras y en caricaturas llenas de criaturas fantásticas que aterrorizan y fascinan a partes iguales.

- Actualmente, los historiadores del arte consideran a Goya un precursor de las vanguardias de los siglos XIX y XX. Está más que comprobada su influencia sobre Delacroix, al igual que tampoco hace falta demostrar su impacto sobre los pintores modernos como Manet. Además, encontramos su gusto por lo fantástico en los surrealistas.

¡Tu opinión nos interesa!
¡Deja un comentario en la página web de tu
librería en línea,
y comparte tus favoritos en las redes sociales!

PARA IR MÁS ALLÁ

FUENTES BIBLIOGRÁFICAS

- Anónimo. 2004. *Francisco de Goya*. Londres: Sirrocco.

- Baticle, Jeannine. 1986. *Goya d'or et de sang*. París: Gallimard.

- Carrete Parrondo, Juan. 2007. *Goya. Estampas. Grabado y litografía*. Barcelona: Electa España.

- Colectivo. 2013. *Goya et la Modernité*. París: Pinacothèque.

- Colectivo. 2009. "Francisco de Goya y Lucientes". *1000 peintures*, 336-337 y 343. Nueva York: Terres éditions.

- Hagen, Rainer y Rose-Marie. 2012. *Goya*. Colonia: Taschen.

- Hofmann, Werner. 2014. *Goya. Du Ciel à l'Enfer en passant par le monde*. París: Hazan.

- Krausse, Anna-Karola. 2013. "Le peintre de cour rebelle, Francisco de Goya". *Histoire de la peinture de la Renaissance à nos jours*, 54-55. París: H. F. Ullmann.

- Marcheschi, Jean-Paul. 2012. *Goya. Voir l'obscur*. París: Art 3 Galerie.

- Matilla, José Manuel. 2014. "Las estampas de Goya". *El País*. 25 de noviembre. Consultado el 1 de septiembre de 2017. https://elpais.com/cultura/2014/11/25/actualidad/1416913487_829644.html

- Stoichita, Victor y Anna María Coderch. 2000. *El último carnaval: un ensayo sobre Goya*. Madrid: Ediciones Siruela.

- Todorov, Tzvetan. 2011. *Goya à l'ombre des Lumières*. París: Flammarion.

FUENTES ICONOGRÁFICAS

- de Goya, Francisco. *Adoración del nombre de Dios por los ángeles*, 1772, fresco, 700 x 1500 cm, Zaragoza, basílica del Pilar. La imagen reproducida está libre de derechos.

- de Goya, Francisco. *La familia de Carlos IV*, 1800-1801, óleo sobre lienzo, 280 x 336 cm, Madrid, Museo del Prado. La imagen reproducida está libre de derechos.

- de Goya, Francisco. *La maja desnuda*, 1795-1800, óleo sobre lienzo, 98 x 191 cm, Madrid, Museo del Prado. La imagen reproducida está libre de derechos.

- de Goya, Francisco. *El 3 de mayo de en Madrid*, 1814, óleo sobre lienzo, 268 x 347 cm, Madrid, Museo del Prado. La imagen reproducida está libre de derechos.

- de Goya, Francisco. *El sueño de la razón produce monstruos*, hoja sacada de la serie *Caprichos*, c. 1797, aguafuerte y aguatinta, 21,6 x 15,2 cm, colección privada. La imagen reproducida está libre de derechos.

- Delacroix, Eugène, *La Libertad guiando al pueblo*, 1830, óleo sobre lienzo, 260 x 325 cm, París, Museo del Louvre. La imagen reproducida está libre de derechos. La imagen reproducida está libre de derechos.

- Manet, Édouard, *Olympia*, 1863, óleo sobre lienzo, 130,5 x 191 cm, París, Museo de Orsay. La imagen reproducida está libre de derechos.

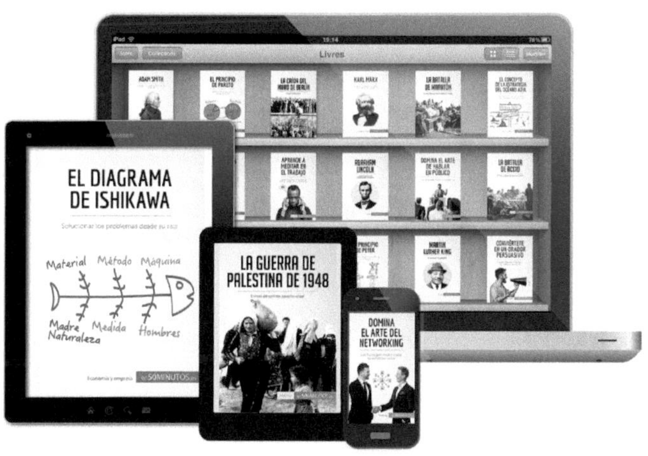

50MINUTOS.es
Historia
Economía y empresa
Coaching
Book Review
Salud y bienestar
Arte y literatura
EL DIAGRAMA DE ISHIKAWA
Material
Método
Máquina
Madre Naturaleza
Medida
Hombres
LA GUERRA DE PALESTINA DE 1948
DOMINA EL ARTE DEL NETWORKING
¡APRENDER NUNCA ANTES FUE TAN RÁPIDO!
www.50minutos.es

www.50Minutos.es

ISBN ebook: 9782806297938

ISBN papel: 9782806297945

Depósito legal: D/2017/12603/299

Cubierta: *Sueño de San José*, de Francisco de Goya

Libro realizado por Primento, *el socio digital de los editores*